Este libro está dedicado a la Sra. Johnson.

¿Puedes imaginar, por un momento,
cómo es ser una silla?
Cuántas veces la gente se sienta en ti,
sin preocupación sencilla?

Verás, sentarse no es todo
que ocurre en nuestros asientos.
A veces, un niño se sienta de piernas cruzadas,
Y tenemos que oler sus calcetas usadas!

En la escuela, a veces los niños
se sientan con rudeza y sin preocupación.
Y vaya, vaya, nos duele,
simplemente, ¡no es justa su acción!

A veces, un niño se porta mal,
se inclina hacia atrás hasta hacernos caer.
No, no es divertido ser una silla,
nada divertido, lo puedes entender.

Nos arrastran por el suelo sin piedad,
y nos dejan en sitios que no queremos.
A veces, nos balancean sin control,
¡y nos montan como bicicletas!

En la hora del almuerzo, somos usadas,
Nos echan comida por todos lados.
Mostaza, ketchup y cosas que no nos agradan,
pero nunca nos quejamos.

Nada de esto es tan malo para una silla
Pero cuando un niño o un adulto se sienta en nosotros
¡Y suelta un desagradable PEDO!
Huele horrible, apesta a alcantarilla.

Nos reunimos en el aula tarde por la noche,
Y escribimos una carta para discutir nuestras necesidades.
"Nos vamos a la HUELGA, a partir de ahora,
Para que nos escuchen sin hacer reproche."

Se sientan en nosotros
como animales,
Y nos balanceamos hasta
que se nos rompen las patas.
Nos tratan mal todos los
días,
¡Queremos acciones
inmediatas!

Podemos volver a trabajar,
Pero primero, esto es lo que pedimos:
Un poco de respeto y amabilidad,
Para nuestro trabajo volver a admirar.

Dejamos la carta sobre el escritorio del profesor
Y salimos rápidamente de allí.
Los niños entraron al día siguiente y preguntaron:
"Oh yo había dejado mi silla aquí."

Durante todo un día de clase,
Los niños se tuvieron que quedar parados.
Algunos niños olvidaron y trataron de sentarse,
¡Pero terminaron con los traseros aplastados!

Aunque fue divertido por varias horas,
Los niños comenzaron a cansarse del juego.
Pudieron hacer todas sus tareas escolares,
Y les dolerían las rodillas luego.

Así que sacaron sus lápices y papel,
Y nos escribieron a cada uno de nosotros una carta.
Una vez terminado, lo dejaron en sus escritorios,
Y corrieron a la cafetería a merendar.

Entramos sigilosamente en el aula,
Y leímos todas las notas de los niños.
Algunas de ellas eran realmente conmovedoras,
Estaban escritas con muchos cariños.

"Lo siento por haberlas tratado mal," decía una.
"No fue a propósito, verás.
No nos dimos cuenta de que éramos irrespetuosos.
Silla, eres muy importante para mí comprenderás."

Estás ahí para apoyarme,

Para sentarme cuando

necesito descansar.

Me haces sentir cómoda y

concentrada,

Por favor, debes volver.

Si vuelves, te prometo
No me meceré ni expulsaré gas.
Me sentaré contigo mientras aprendo matemáticas,
Mientras estudio los planetas y hago artes.

$a^2+b^2=c^2$

Al final, acordamos regresar.
Extrañamos mucho a nuestro niños.
Cuando volvimos, todos fueron amables.
Seguimos juntos con mucho cariño.

www.ingramcontent.com/pod-product-compliance
Lightning Source LLC
Chambersburg PA
CBHW042026090426

42811CB00016B/1752